SCHNITT LINIE

FOLGEN SIE DEM EINHORN

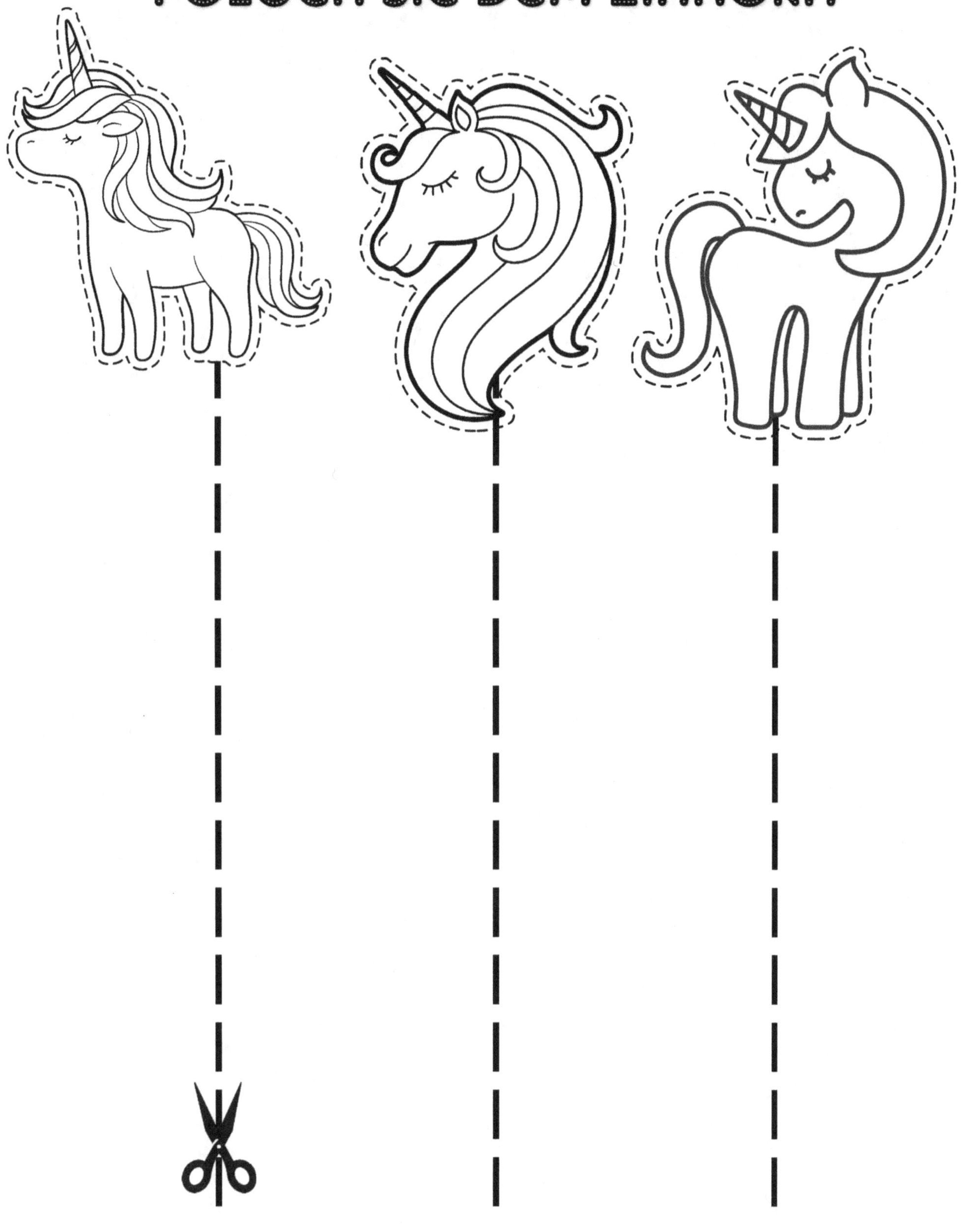

SCHNITT LINIE

FOLGEN SIE DEM EINHORN

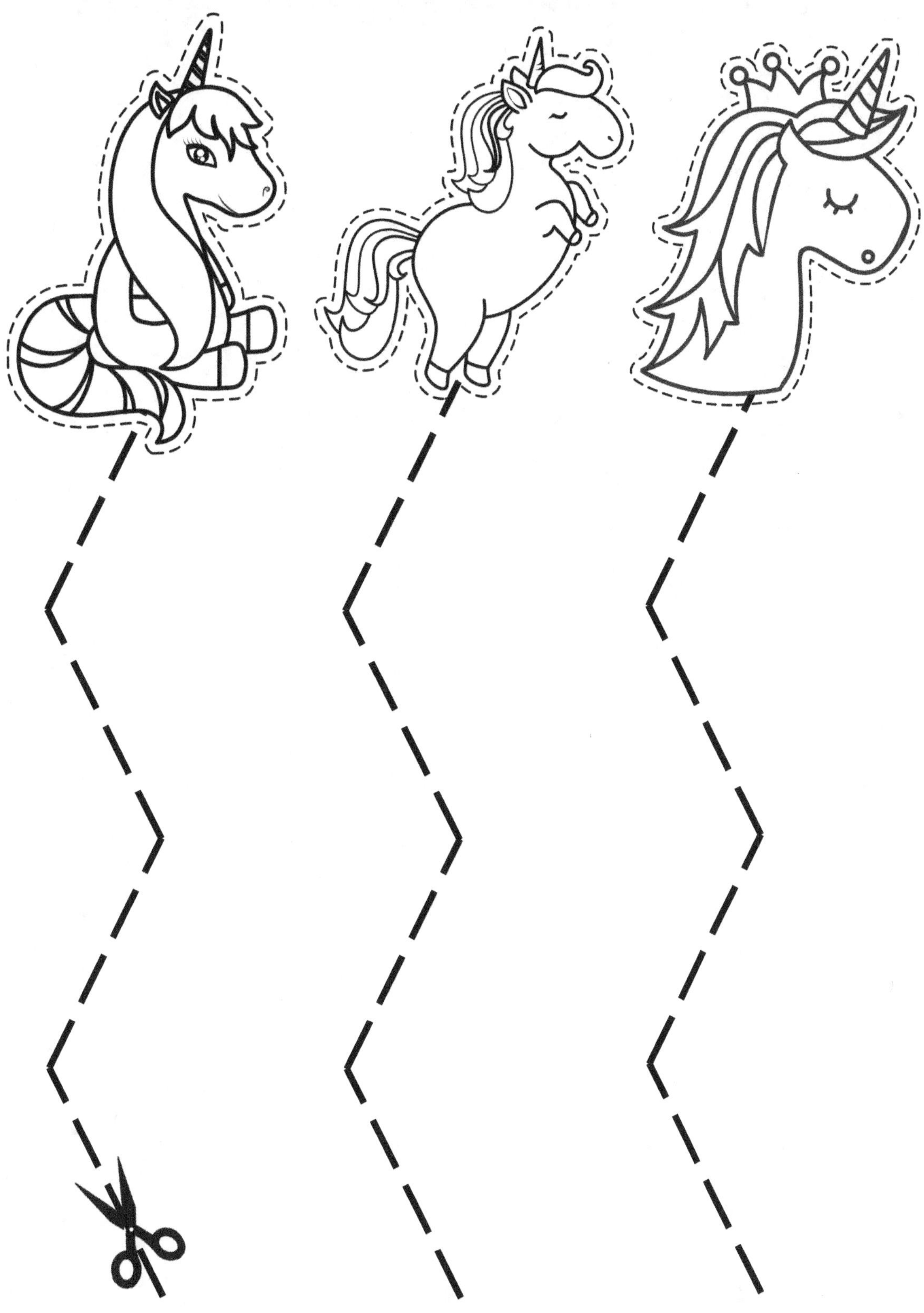

SCHNITT LINIE

FOLGEN SIE DEM EINHORN

SCHNITT LINIE

FOLGEN SIE DEM EINHORN

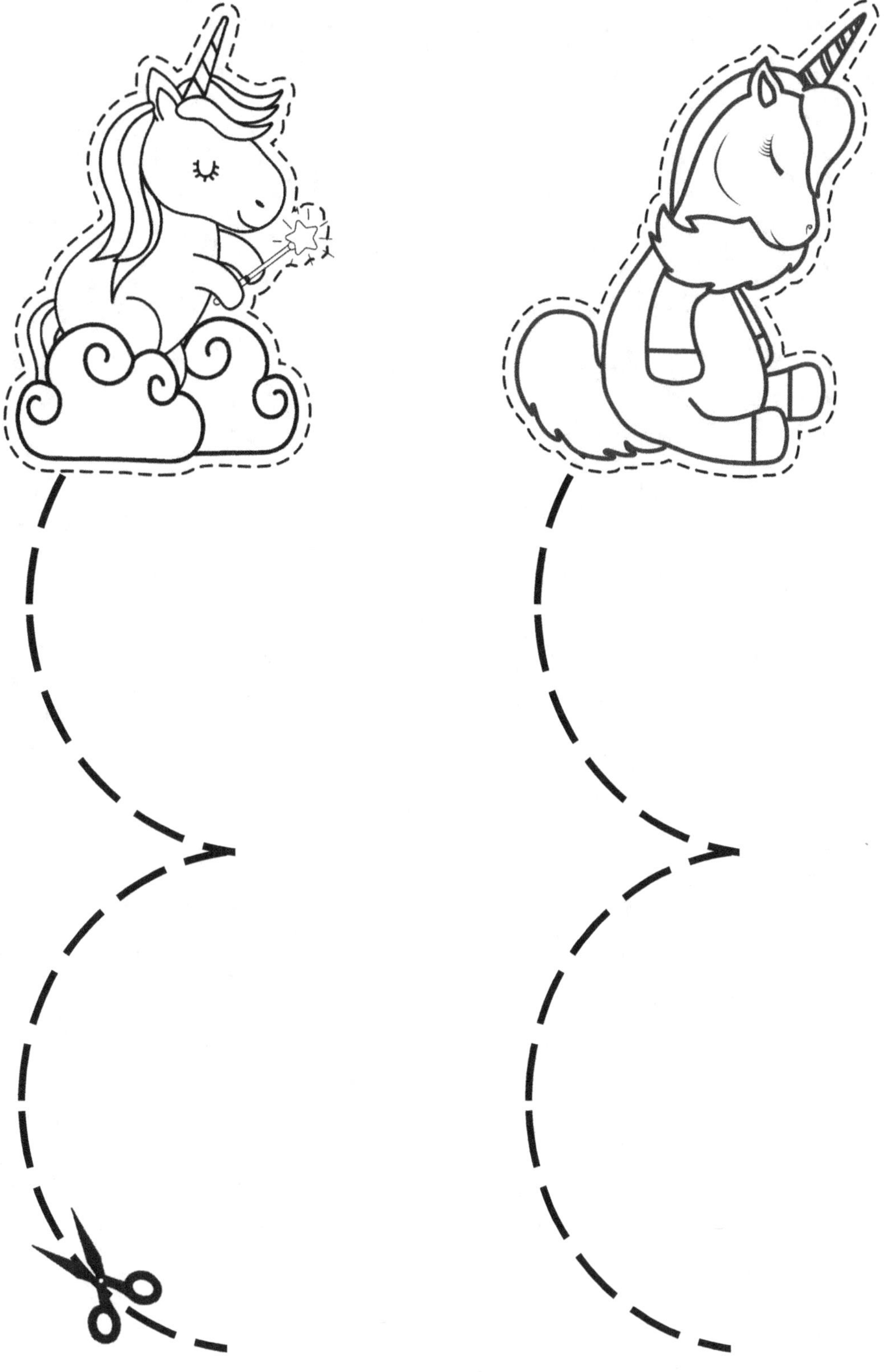

SCHNITT LINIE

FOLGEN SIE DEM EINHORN

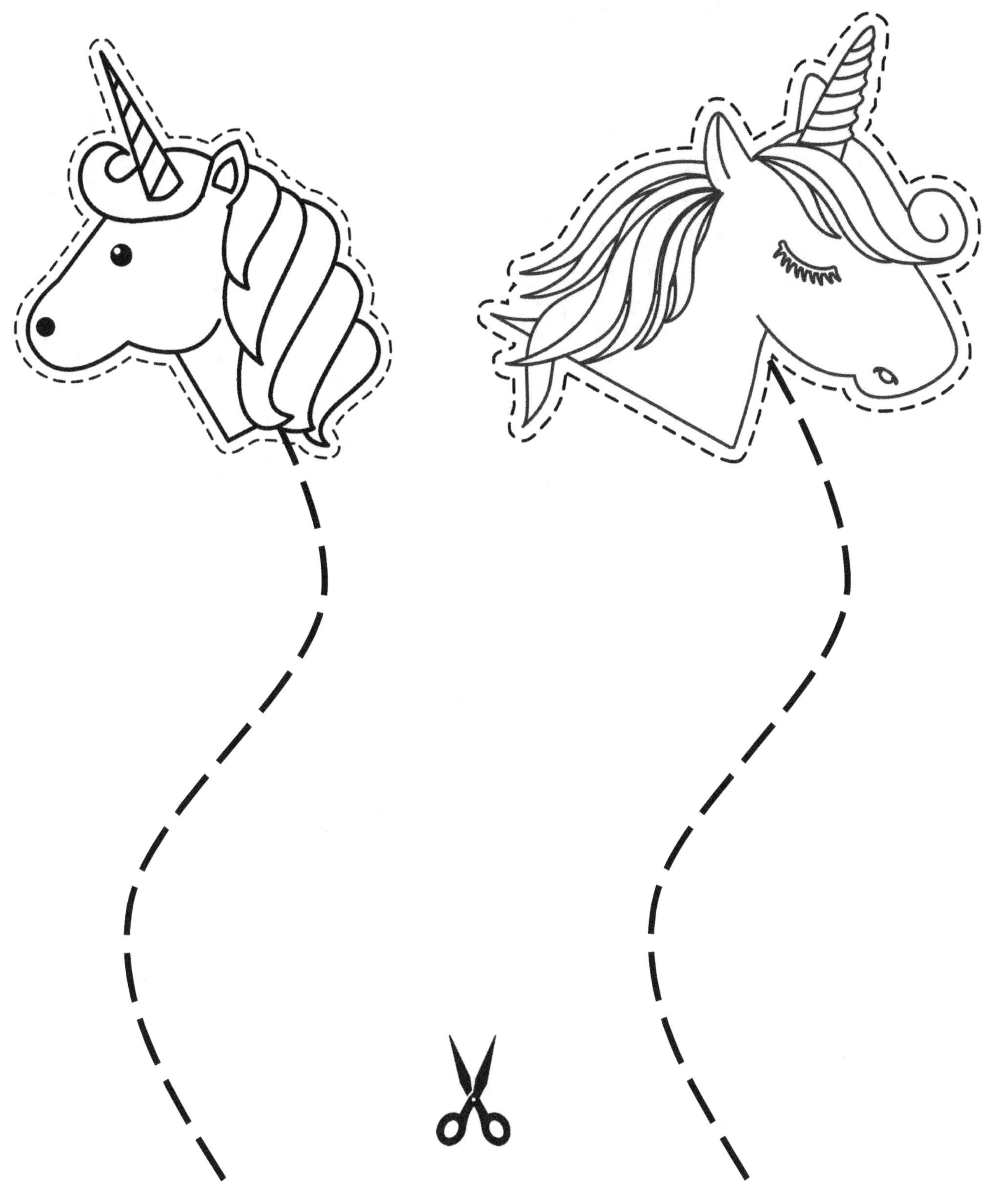

SCHNITT LINIE

FOLGEN SIE DEM EINHORN

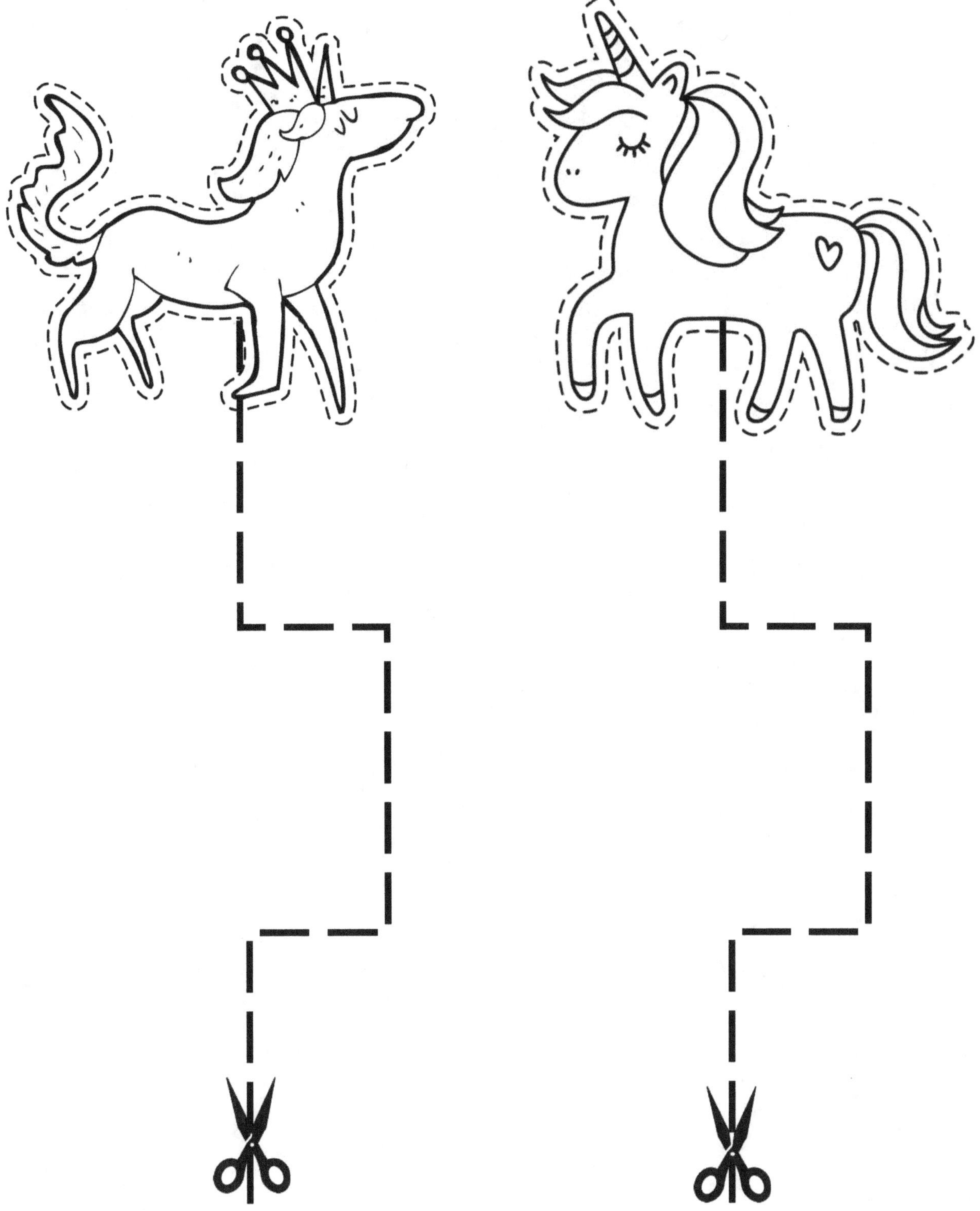

SCHNITT LINIE

FOLGEN SIE DEM EINHORN

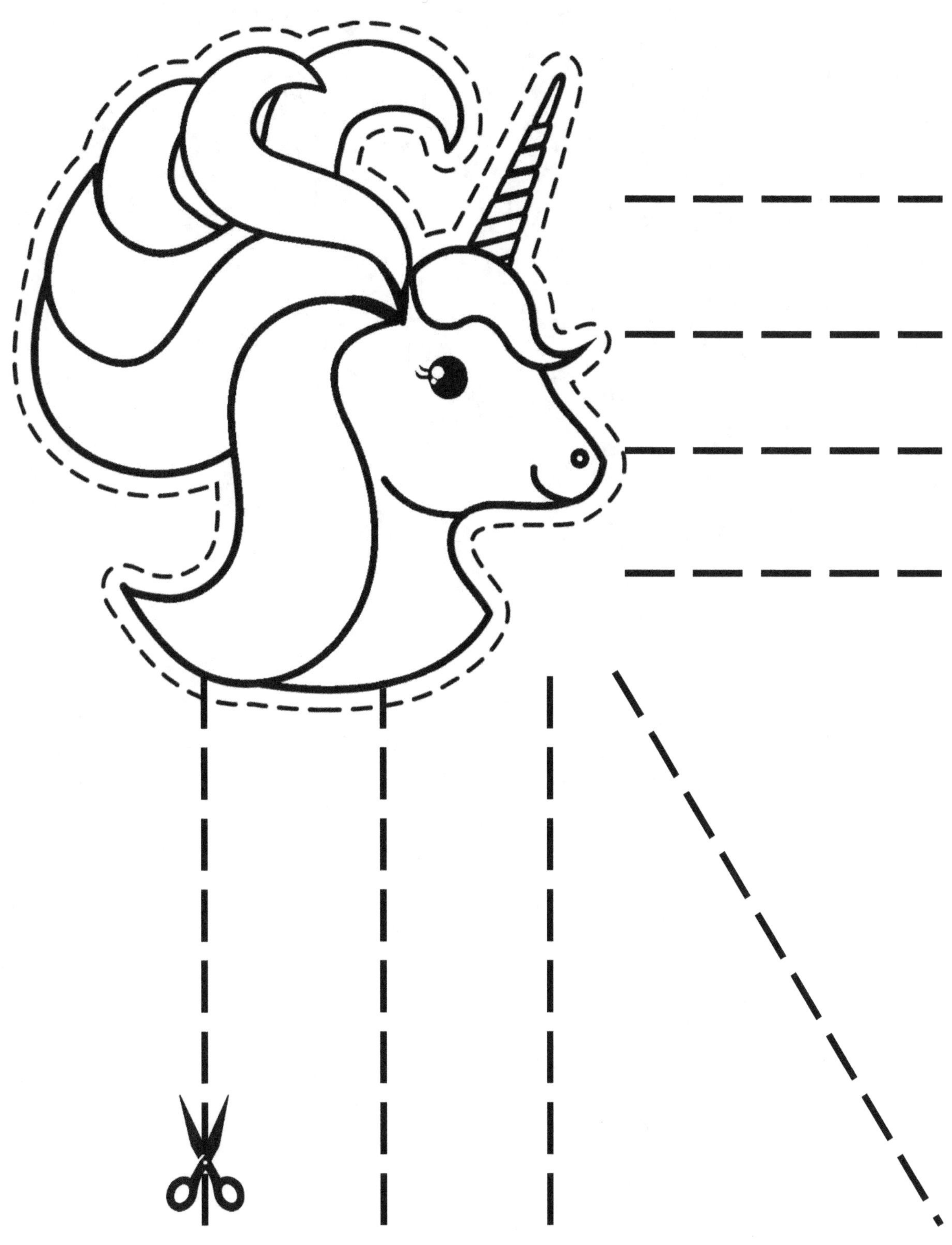

SCHNITT LINIE

FOLGEN SIE DEM EINHORN

1 2 3 4

SCHNITT LINIE

FOLGEN SIE DER NUMMER

1

2

3

4

SCHNITT LINIE

FOLGEN SIE DER NUMMER

1

2

3

4

SCHNITT LINIE

FOLGEN SIE DER NUMMER

1

2

3

4

MALEN UND SCHNEIDEN

MALEN UND SCHNEIDEN

MALEN UND SCHNEIDEN

MALEN UND SCHNEIDEN

MALEN UND SCHNEIDEN

MALEN UND SCHNEIDEN

MALEN UND SCHNEIDEN

MALEN UND SCHNEIDEN

MALEN UND SCHNEIDEN

MALEN UND SCHNEIDEN

MALEN UND SCHNEIDEN

MALEN UND SCHNEIDEN

MALEN UND SCHNEIDEN

MALEN UND SCHNEIDEN

MALEN UND SCHNEIDEN

MALEN UND SCHNEIDEN

MALEN UND SCHNEIDEN

MALEN UND SCHNEIDEN

MALEN UND SCHNEIDEN

MALEN UND SCHNEIDEN

MALEN UND SCHNEIDEN

MALEN UND SCHNEIDEN

MALEN UND SCHNEIDEN

MALEN UND SCHNEIDEN

MALEN UND SCHNEIDEN

MALEN UND SCHNEIDEN

MALEN UND SCHNEIDEN

MALEN UND SCHNEIDEN

MALEN UND SCHNEIDEN

MALEN UND SCHNEIDEN

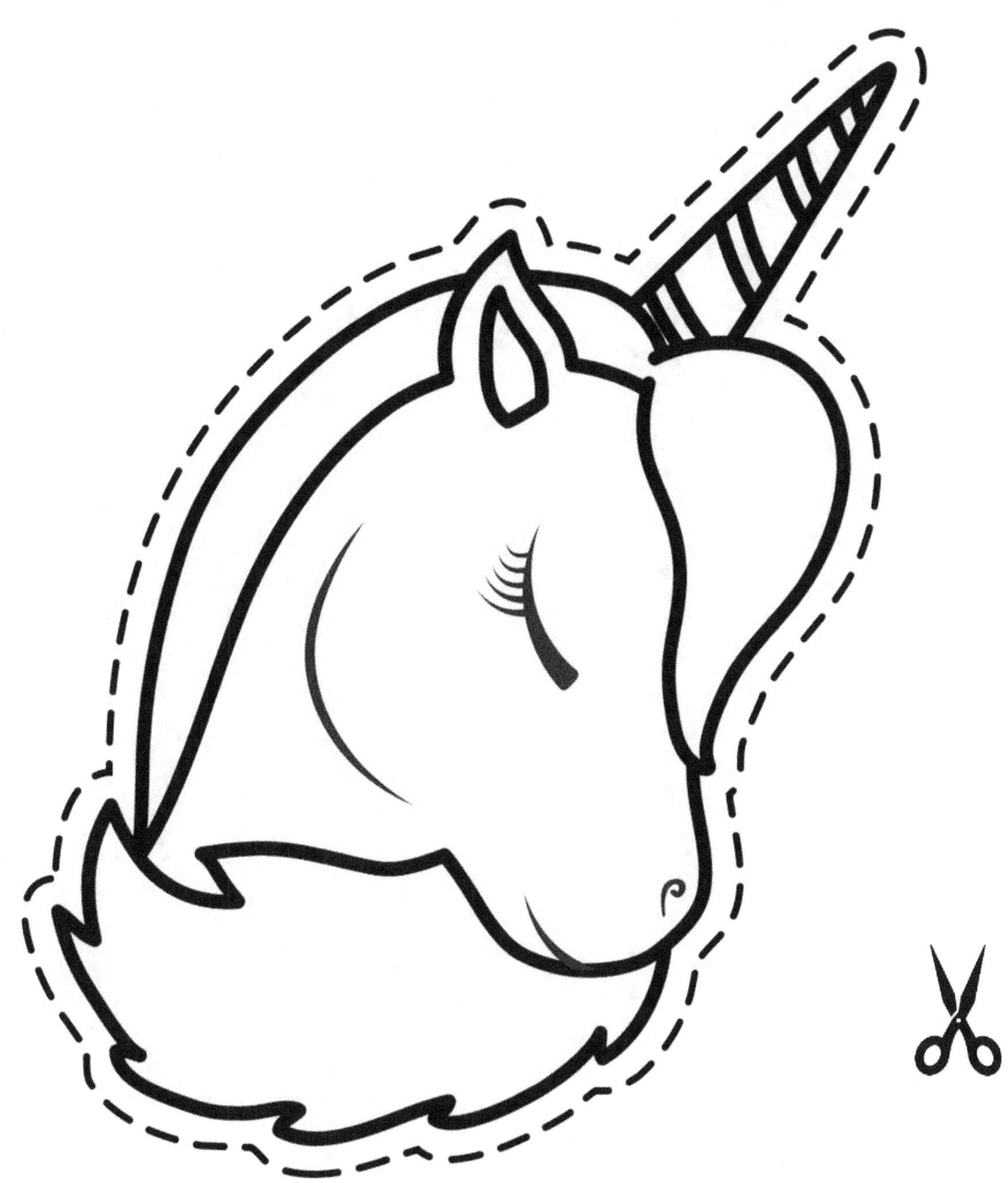

MALEN UND SCHNEIDEN

MALEN UND SCHNEIDEN

MALEN UND SCHNEIDEN

MALEN UND SCHNEIDEN

MALEN UND SCHNEIDEN

MALEN UND SCHNEIDEN

MALEN UND SCHNEIDEN